T0403211

El mapache

Animales en mi patio

Jordan McGill

AV2
SPANISH
www.openlightbox.com

Paso 1
Ingresa a **www.openlightbox.com**

Paso 2
Ingresa este código único

AVT98322

Paso 3
¡Explora tu eBook interactivo!

Animales en mi patio

El mapache

Iniciar

Comparte

Tu eBook interactivo trae...

AV2 es compatible para su uso en cualquier dispositivo.

 **Leer**

Audio	**Videos**	**Enlaces web**	**¡Prueba esto!**	**Palabras clave**	**Cuestionarios**	**Presentación de imágenes**	**Comparte**	**Citas**
Escucha todo el lobro leído en voz alta	Mira videoclips informativos	Obtén más información para investigar	Realiza actividades y experimentos prácticos	Estudia el vocabulario y realiza una actividad para combinar las palabras	Pon a prueba tus conocimientos	Mira las imágenes y los subtítulos	Comparte títulos dentro de tu Sistema de Gestión de Aprendizaje (LMS) o Sistema de Circulación de Bibliotecas	Crea referencias bibliográficas siguiendo los estilos de APA, CMOS y MLA

Este título está incluido en nuestra suscripción digital de Lightbox

Suscripción en español de K–5 por 1 año
ISBN 978-1-5105-5935-6

Accede a cientos de títulos de AV2 con nuestra suscripción digital.
Regístrate para una prueba GRATUITA en **www.openlightbox.com/trial**

Se garantiza que los componentes digitales de este libro estarán activos por 5 años.

El mapache

Animales en mi patio

CONTENIDOS

3

Este es el mapache.

Parece que usara un antifaz.

Los números del mapache

ALTURA
15 a 27 pulgadas
(38 a 69 centímetros)

PESO
7 a 40 libras
(3 a 18 kilogramos)

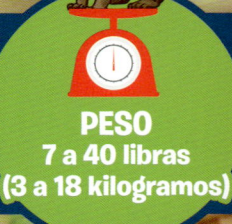

EXPECTATIVA DE VIDA
2 a 5 años

Vive con
su familia.

Con su familia,
viaja y trepa.

7

Se muda de una casa a otra.

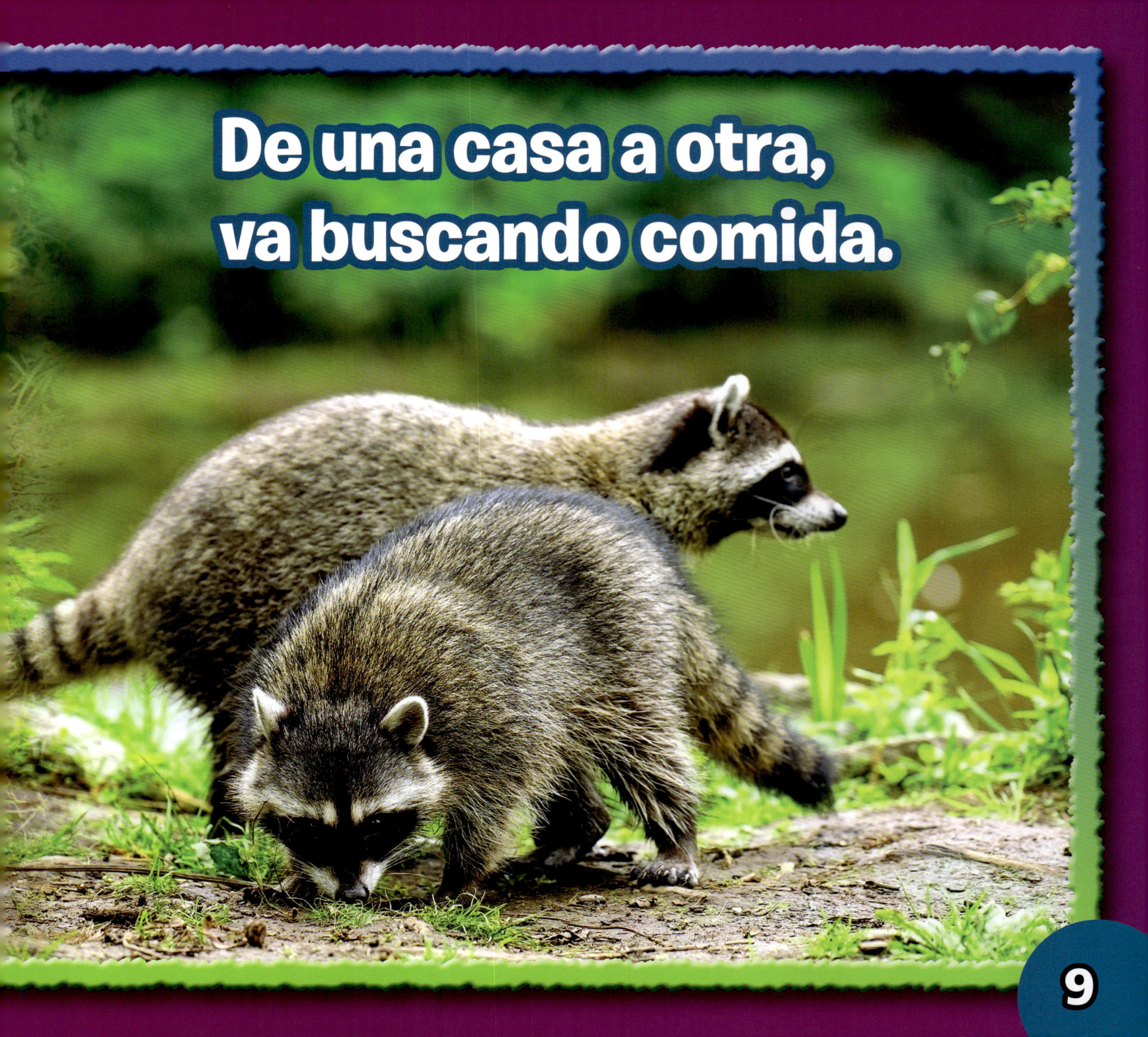

De una casa a otra,
va buscando comida.

9

Agarra la comida con sus pequeñas garras.

Con sus pequeñas garras, come animales y plantas.

11

Puede trepar hasta lo alto de los árboles y bajar de cabeza.

12

En lo alto de los árboles, no tiene miedo de caerse.

13

Tiene rayas en su cola peluda.

14

Su cola peluda lo ayuda a mantener el equilibrio.

15

Durante el día está escondido.

Escondido, espera la noche.

Amenazas para los mapaches

Coyotes

Linces

Búhos

Lobos

Puede vivir cerca de la gente.

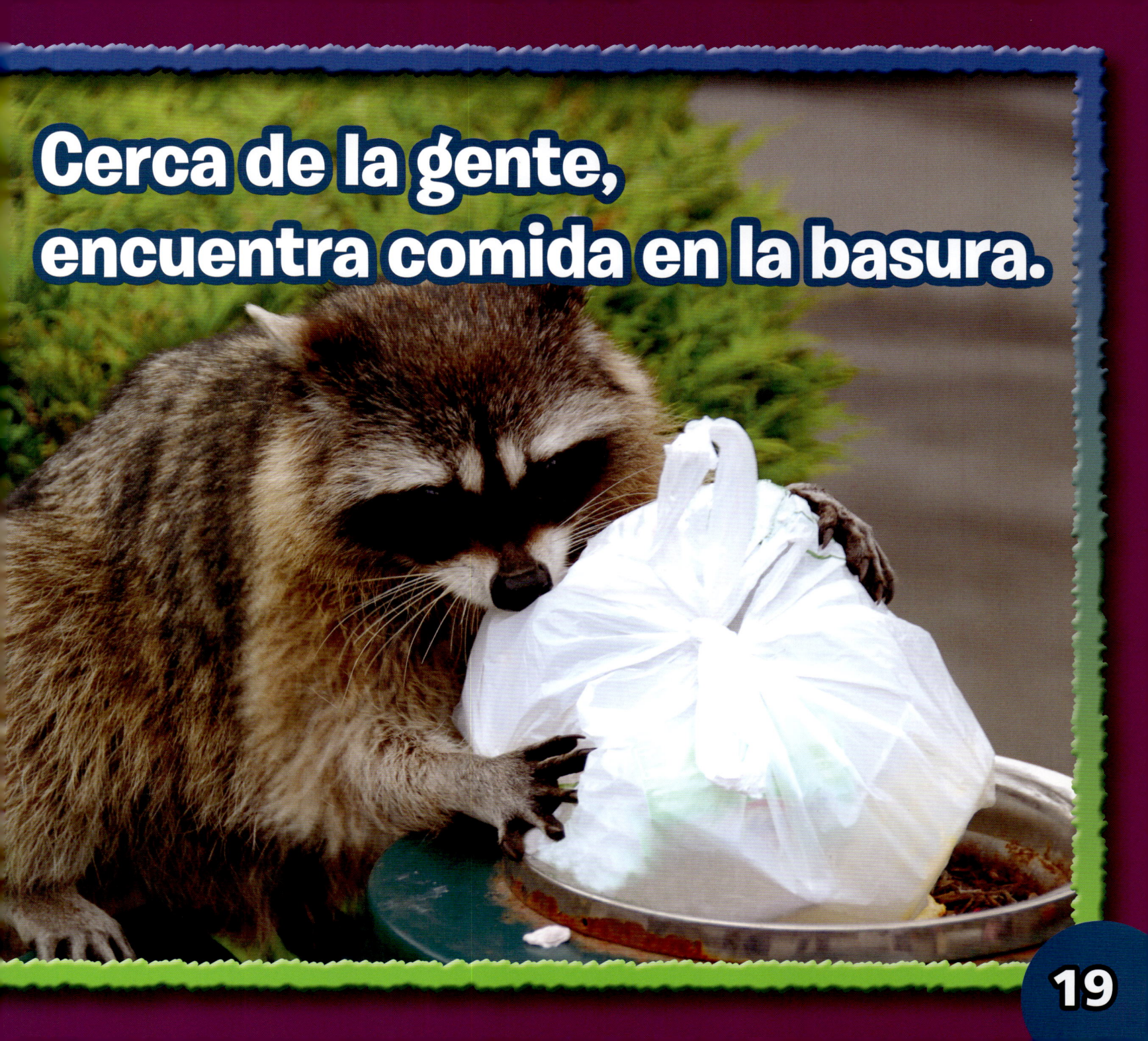

Cerca de la gente, encuentra comida en la basura.

19

Si te encuentras con un mapache, tal vez te parezca pequeño y adorable, pero es feroz.

Si te encuentras con un mapache, aléjate.

Datos sobre los mapaches

Estas páginas ofrecen información detallada sobre los interesantes datos de este libro. Están dirigidas a los adultos, como soporte, para que ayuden a los jóvenes lectores a redondear sus conocimientos sobre cada animal presentado en la serie *Animales en mi patio*.

Páginas 4–5

Los mapaches tienen pelo oscuro alrededor de los ojos, como si tuviera un antifaz. Los mapaches tienen un hocico puntiagudo y una cola peluda con rayas en forma de anillos. Su cuerpo está cubierto por un pelaje gris o marrón. Los mapaches adultos pueden llegar a medir 3 pies (0,9 metros) de largo. La mayoría de los mapaches alcanzan un peso de 40 libras (18 kg). Las hembras suelen ser más pequeñas que los machos.

Páginas 6–7

Aproximadamente al mes de vida, el mapache bebé, o cachorro, ya se puede parar. Cuando cumplen los dos o tres meses, comienzan a cazar con su mamá. Ella los protege de los depredadores. La mayoría de los mapaches se quedan con su mamá por hasta un año. La hembra puede quedarse con su camada hasta tener otras crías. Los machos viven solos y no ayudan a criar a los cachorros.

Páginas 8–9

Los mapaches se mudan de hogar dentro de su territorio cada pocos días. Se desplazan para buscar comida. Sin embargo, los mapaches se quedan en el mismo lugar durante todo el invierno. El frío los obliga a protegerse permaneciendo en sus madrigueras. La mayoría de los mapaches viven en madrigueras abandonadas por otros animales.

Páginas 10–11

Los mapaches son omnívoros. Comen insectos, aves, huevos, peces y mamíferos pequeños con sus garras. También comen frutos y vegetales, como ciruelas y maíz. Las patas delanteras del mapache son como manos. Los mapaches pueden estirar los dedos para agarrar comida y objetos. Pueden agarrar peces fuera del agua y voltear piedras con sus manos.

Páginas 12–13

Los mapaches son excelentes trepadores. El mapache es uno de los pocos mamíferos que puede bajar de un árbol cabeza abajo. Lo hace girando sus patas traseras para que sus dedos miren hacia atrás. Los mapaches no le tienen miedo a las alturas de los árboles. Un mapache puede caer más de 40 pies (12 m) sin lastimarse.

Páginas 14–15

La cola peluda del mapache suele tener entre cinco y siete círculos oscuros. La cola del mapache puede medir más de 10 pulgadas (25 centímetros) de largo. Los mapaches usan la cola para mantener el equilibro al trepar.

Páginas 16–17

Los mapaches son mayormente nocturnos. Esto quiere decir que son más activos por la noche. Durante el día, se quedan en los árboles o se esconden debajo de las piedras, bajo tierra o en los edificios. Los mapaches prefieren buscar comida a la noche. Ven bien en la oscuridad. El antifaz oscuro que tienen alrededor de los ojos podría ayudarlos a ver mejor en la noche reduciendo el brillo de la luz del sol y la luna.

Páginas 18–19

Los mapaches son muy inteligentes. Los mapaches aprendieron a buscar comida cerca de la gente. Algunos pueden abrir los botes de basura, pestillos y hasta jarros. Se los suele encontrar buscando comida en la basura por las noches. Se les puede enseñar a no acercarse manteniendo los botes de basura ordenados y cerrados.

Páginas 20–21

A veces, los mapaches viven cerca de la gente. Si algún mapache vive cerca de tu casa, no lo alimentes. Los mapaches pueden ser peligrosos. Para su tamaño, tienen mucha fuerza y unas garras muy filosas. Los mapaches atacan cuando se sienten amenazados y pueden contagiar enfermedades. Si hay un mapache en el patio de tu casa, enciende las luces para que se vaya. Los mapaches prefieren la oscuridad.

Published by Lightbox Learning Inc.
276 5th Avenue, Suite 704 #917
New York, NY 10001
Website: www.openlightbox.com

Copyright ©2026 Lightbox Learning Inc.
All rights reserved. No part of this publication may be reproduced, stored in a retrieval system,
or transmitted in any form or by any means, electronic, mechanical, photocopying, recording,
or otherwise, without the prior written permission of the publisher.

Library of Congress Control Number: 2024947232

ISBN 979-8-8745-1395-5 (hardcover)
ISBN 979-8-8745-1394-8 (static multi-user eBook)
ISBN 979-8-8745-1397-9 (interactive multi-user eBook)

102024
101724

Printed in Guangzhou, China
1 2 3 4 5 6 7 8 9 0 29 28 27 26 25

Designer: Jean Rodriguez
English Project Coordinator: Heather Kissock
Spanish Project Coordinator: Sara Cucini
English/Spanish Translation: Translation Services USA

Every reasonable effort has been made to trace ownership and to obtain permission to reprint copyright material.
The publisher would be pleased to have any errors or omissions brought to its attention so that they may be corrected
in subsequent printings.

The publisher acknowledges Getty Images, Shutterstock, and Dreamstime as the primary image suppliers for this title.